Santa Gemma Galgani

História e novena

Pe. José Ricardo Zonta, CP

Santa Gemma Galgani

História e novena

Editora responsável: Andréia Schweitzer
Equipe editorial

1ª edição – 2018

Nenhuma parte desta obra poderá ser reproduzida ou transmitida por qualquer forma e/ou quaisquer meios (eletrônico ou mecânico, incluindo fotocópia e gravação) ou arquivada em qualquer sistema ou banco de dados sem permissão escrita da Editora. Direitos reservados.

Paulinas
Rua Dona Inácia Uchoa, 62
04110-020 – São Paulo – SP (Brasil)
Tel.: (11) 2125-3500
http://www.paulinas.com.br – editora@paulinas.com.br
Telemarketing e SAC: 0800-7010081
© Pia Sociedade Filhas de São Paulo – São Paulo, 2018

História de Santa Gemma Galgani

Gemma Galgani nasceu em Camigliano, Itália, no dia 12 de março de 1878. Seus pais tiveram oito filhos, e Gemma foi a quinta a vir ao mundo. O nome Gemma, em italiano, significa "núcleo da pedra preciosa". O padre não queria batizá-la com esse nome, pois não havia nenhuma santa que se chamasse Gemma, mas, por fim, profetizou: "Esta será a primeira".

Seus pais eram pessoas bem-sucedidas à época. O pai foi químico e farmacêutico e a mãe, de origem nobre, com boa formação cultural e religiosa, cuidava do lar.

Essa jovem santa resplandece como exemplo de humanidade. Ferida pela perda da mãe, quando ainda criança, e do pai, quando já jovenzinha, Gemma sofre com o desmembramento da família e com a morte do irmão que ela mais amava.

Pessoas próximas, até mesmo familiares, se apropriaram da herança dos filhos, deixando-os à mercê da ajuda de várias famílias. Gemma foi morar na casa da família Giannini e ali passou mais de três anos de sua vida num suplício comovente, advindo de sucessivos problemas de saúde.

Em vez de revolta, porém, Gemma encontra a via da santificação, oferecendo o seu sofrimento pela conversão dos pecadores. Mais do que isso, ela experimenta o amor de Deus de um jeito fabuloso e, mesmo sem compreender por que devia sofrer tanto, procura cumprir a sua vontade. Não só aceitava a dor, como seu coração, dilatado pelo Coração amoroso do Crucificado, queria estar próximo de todos os sofredores do mundo.

Distinguiu-se por singular devoção à Eucaristia e a Jesus Crucificado, do qual experimentou no próprio corpo os estigmas nas mãos, nos pés e no peito – fato comprovado por muitas testemunhas.

Enriquecida com carismas sobrenaturais, Gemma conversava com Jesus, com seu anjo da guarda, com São Gabriel e com a Virgem Maria. De Jesus, a menina Gemma pôde ouvir no dia da sua confirmação: "Dá-me a sua mãe", ao que ela afirmou que aceitaria se também a levasse. Mas ele a fez sentir que sofreria essa grande perda, pois tinha outros planos para ela.

Alimentada pela Eucaristia durante o seu caminho de angústias e incertezas, Gemma, ouvia de Jesus Sacramentado: "Me ama como eu sempre te amei. Jamais te abandonei. Com o meu Corpo eu te nutro. Foi o meu corpo que te ajudou a suportar tanta dor".

Sem revolta e sem reservas, essa jovem santa lutou contra o maior mal que pode acometer a vida humana: esquecer que

Deus nos ama, esquecer a Paixão do seu Filho, esquecer o Calvário onde o Divino e o humano se encontram num diálogo de profundo amor e dor. É exemplo de humanidade justamente porque não se deixou vencer pelo mal, mas venceu o mal crucificando-se com Cristo.

Muitas vezes Gemma foi atormentada por manifestações que foram caracterizadas como diabólicas, especialmente para a época em que ela viveu. O diabo chegou a tentar queimar o diário escrito por Santa Gemma. Algumas páginas trazem as marcas desse atentado. Mas o mais bonito nisso tudo é perceber que Gemma recusou as provocações do maligno que desejava afastá-la de Deus, do seu amor. A jovem santa apostou no futuro da esperança, em que a fé será coroada por ter perseverado até o fim, no amor.

Pela Cruz, ela se fez crucificada com Cristo e pôde dizer com toda a força da sua alma: "Ninguém me moleste, pois trago em meu corpo as marcas de Jesus" (Gl 6,17).

Frustrada em seu propósito de ingressar nas Monjas Passionistas, Santa Gemma viveu heroicamente a espiritualidade do Crucificado, da compaixão, da misericórdia. Por isso, é um exemplo para a Igreja, mas especialmente para os leigos e leigas que empenham suas vidas na construção do Reino. Ela nos ensina que há um testemunho cristão a ser dado diante do mistério da dor e da maldade, tantas vezes incompreensível. Apostar tudo na linguagem e na sabedoria da Cruz é o desafio que continua a nos provocar num mundo violento e marcado por ideologias que só procuram tirar vantagens em benefício próprio. Santa Gemma nos mostra que fazer o outro feliz, procurar a salvação do outro, é o caminho da autêntica felicidade.

Por tudo o que foi dito, eu não a considero a padroeira apenas dos farmacêuticos, como oficialmente é conhecida em virtude de seu pai ter exercido tal profissão, mas uma valiosa protetora para todos os sofredores. Gemma ilumina a vida dos farmacêuticos que desejam aliviar a dor dos doentes, bem como ilumina a vida dos que sofrem e procuram uma luz para suportar as suas dores, tantas vezes incompreensíveis.

Santa Gemma Galgani morreu em Luca, no dia 11 de abril de 1903, no Sábado Santo, com apenas 25 anos. Pio XII declarou-a santa em 1940, trinta e sete anos após a sua morte.

PRIMEIRO DIA

Oração inicial

Dir: Paixão de Jesus,

T: Nossa força e salvação!

Dir: Paixão de Jesus,

T: Nossa coroa e santificação!

Dir: Que, ao marcar o nosso corpo com a Santa Cruz, Jesus – Caminho, Verdade e Vida –, nos liberte do mal e nos dê um coração semelhante ao dele; um coração capaz de amar a todos e de sofrer por todos!

T: Em nome do Pai, princípio sem princípio do Amor, e do Filho, manifestação do eterno amor, e do Espírito Santo, força que nos consola no sofrimento e na dor! Amém.

Dir: Ó Deus, que ornaste Santa Gemma Galgani, qual uma flor da tua Paixão, com grandes virtudes e graças. Ajuda-nos a seguir seus exemplos, procurando viver com amor os nossos dias e crescendo em humanidade até alcançarmos a santidade.

T: Por Santa Gemma, que encontrou na cruz todo antídoto para combater a maldade, concede-nos, pela meditação da tua Paixão, a libertação do pecado e dos vícios, a cura do corpo e da alma e a salvação eterna. Que possamos ter os sentimentos de Cristo Crucificado, para que o seu Espírito nos faça crescer no horizonte da fé. Amém.

Meditação diária

Gemma significa, em italiano, "núcleo das pedras preciosas". No dia do seu batismo, o padre ficou receoso de batizá-la com esse nome, dado que não existia nenhuma santa que se chamasse assim. Mas ele pensou e profetizou: "Quem sabe ela não será a primeira?". E isso se cumpriu. Santa Gemma tornou-se uma pedra de grande quilate, ao ser lapidada pela Paixão de Jesus. Ela foi uma menina-moça que encontrou em Jesus Crucificado uma luz para viver as suas dores e angústias. De fato, a Paixão do Senhor nos trouxe a salvação, mas não a libertação dos sofrimentos. Existem tantas coisas que não vamos entender neste mundo, mas Deus sabe o motivo. Ante alguns dramas, a rebeldia nada resolve. A conformidade à vontade divina pode ser dura, mas acima de tudo é uma aposta de fé que se faz em Deus, pois o futuro não será da dor, da doença e da morte. No fim, Deus proclamará uma palavra salvadora e libertadora. Os olhos ainda não viram, mas um dia verão aquilo que Deus tem preparado para aqueles que nele esperam (1Cor 2,9).

Ave-Maria, Oração ao Anjo da guarda, Glória, Ladainha.

Oração final

Para vencer a mim mesmo: humaniza a minha vida, Senhor!

Para que eu não procure ser o centro do mundo: abre os meus olhos para enxergar as dores e os sofrimentos dos irmãos!

Para que a cura do corpo não seja a minha primeira e maior preocupação: ensina-me a cuidar da vida e não somente preservar a vida!

Para que o meu coração não se angustie diante do mistério do sofrimento: mostra-me que o Bom Jesus sofreu, sem merecer!

Para não me esquecer do teu amor: torna sempre viva, em minha mente, a cena do Calvário!

Senhor Jesus, nós te damos graças pelo amor infinito que te levou a dar-nos a vida eterna, sofrendo um grande suplício, sem medir esforços. A nós, que participamos com fé desta novena, se for para o nosso bem e para a tua glória, concede-nos a graça de que tanto precisamos (fazer o pedido). Tu, que agraciaste Santa Gemma com as marcas da Paixão, dá-nos participar dos teus sofrimentos, levando a nossa cruz de cada dia, para merecermos colher os frutos da redenção. Mas, acima de tudo, faz o nosso coração transbordar de amor e nos humaniza, pelos méritos da Santa Paixão e Morte de Cruz! Amém.

SEGUNDO DIA

Oração inicial

Dir: Paixão de Jesus,

T: Nossa força e salvação!

Dir: Paixão de Jesus,

T: Nossa coroa e santificação!

Dir: Que, ao marcar o nosso corpo com a Santa Cruz, Jesus – Caminho, Verdade e Vida –, nos liberte do mal e nos dê um coração semelhante ao dele; um coração capaz de amar a todos e de sofrer por todos!

T: Em nome do Pai, princípio sem princípio do Amor, e do Filho, manifestação do eterno amor, e do Espírito Santo, força que nos consola no sofrimento e na dor! Amém.

Dir: Ó Deus, que ornaste Santa Gemma Galgani, qual uma flor da tua Paixão, com

grandes virtudes e graças. Ajuda-nos a seguir seus exemplos, procurando viver com amor os nossos dias e crescendo em humanidade até alcançarmos a santidade.

T: Por Santa Gemma, que encontrou na cruz todo antídoto para combater a maldade, concede-nos, pela meditação da tua Paixão, a libertação do pecado e dos vícios, a cura do corpo e da alma e a salvação eterna. Que possamos ter os sentimentos de Cristo Crucificado, para que o seu Espírito nos faça crescer no horizonte da fé. Amém.

Meditação diária

Santa Gemma sofreu grandes perdas: a morte da mãe, do pai, do irmão que ela mais gostava, a falência financeira da família... Enfim, sua existência foi marcada pela cruz. O que fez? Revoltou-se? Não. Em meio ao sofrimento ela pedia mais sofrimento, mais dor. Associou as suas angústias às de Jesus Crucificado e assim encontrou um sentido para viver. Todos vemos no limite do problema, Deus vê além. Nós conseguimos ver até a montanha, mas Deus sabe o que está por trás da montanha. Por isso, feliz quem sabe, sobretudo, em meio a dor, cumprir a vontade de Deus. Só ele sabe o "por quê" e o "para quê" de todas as coisas. Não sabemos por que permite algumas coisas, mas um dia saberemos. Quem somos nós para instruirmos o nosso Senhor? (Is 45,9).

Ave-Maria, Oração ao Anjo da guarda, Glória, Ladainha.

Oração final

Para vencer a mim mesmo: humaniza a minha vida, Senhor!

Para que eu não procure ser o centro do mundo: abre os meus olhos para enxergar as dores e os sofrimentos dos irmãos!

Para que a cura do corpo não seja a minha primeira e maior preocupação: ensina-me a cuidar da vida e não somente preservar a vida!

Para que o meu coração não se angustie diante do mistério do sofrimento: mostra-me que o Bom Jesus sofreu, sem merecer!

Para não me esquecer do teu amor: torna sempre viva, em minha mente, a cena do Calvário!

Senhor Jesus, nós te damos graças pelo amor infinito que te levou a dar-nos a vida eterna, sofrendo um grande suplício, sem medir esforços. A nós, que participamos com fé desta novena, se for para o nosso bem e para a tua glória, concede-nos a graça de que tanto precisamos (fazer o pedido). Tu, que agraciaste Santa Gemma com as marcas da Paixão, dá-nos participar dos teus sofrimentos, levando a nossa cruz de cada dia, para merecermos colher os

frutos da redenção. Mas, acima de tudo,
faz o nosso coração transbordar de amor
e nos humaniza, pelos méritos da Santa
Paixão e Morte de Cruz! Amém.

TERCEIRO DIA

Oração inicial

Dir: Paixão de Jesus,

T: Nossa força e salvação!

Dir: Paixão de Jesus,

T: Nossa coroa e santificação!

Dir: Que, ao marcar o nosso corpo com a Santa Cruz, Jesus – Caminho, Verdade e Vida –, nos liberte do mal e nos dê um coração semelhante ao dele; um coração capaz de amar a todos e de sofrer por todos!

T: Em nome do Pai, princípio sem princípio do Amor, e do Filho, manifestação do eterno amor, e do Espírito Santo, força que nos consola no sofrimento e na dor! Amém.

Dir: Ó Deus, que ornaste Santa Gemma Galgani, qual uma flor da tua Paixão, com

grandes virtudes e graças. Ajuda-nos a seguir seus exemplos, procurando viver com amor os nossos dias e crescendo em humanidade até alcançarmos a santidade.

T: Por Santa Gemma, que encontrou na cruz todo antídoto para combater a maldade, concede-nos, pela meditação da tua Paixão, a libertação do pecado e dos vícios, a cura do corpo e da alma e a salvação eterna. Que possamos ter os sentimentos de Cristo Crucificado, para que o seu Espírito nos faça crescer no horizonte da fé. Amém.

Meditação diária

Santa Gemma desejou profundamente ser monja passionista, mas ela não foi aceita no mosteiro devido aos seus problemas de saúde. A jovem sofreu muito com esta rejeição e chegou a afirmar: "Vocês não me aceitaram em vida, mas vão me aceitar quando eu morrer". Sua profecia se cumpriu: seus restos mortais estão sepultados num Mosteiro Passionista. Ela tornou-se um exemplo para as monjas que devem viver a pobreza, a castidade, a obediência e o voto de meditar e propagar a Paixão de Jesus.

Ave-Maria, Oração ao Anjo da guarda, Glória, Ladainha.

Oração final

Para vencer a mim mesmo: humaniza a minha vida, Senhor!

Para que eu não procure ser o centro do mundo: abre os meus olhos para enxergar as dores e os sofrimentos dos irmãos!

Para que a cura do corpo não seja a minha primeira e maior preocupação: ensina-me a cuidar da vida e não somente preservar a vida!

Para que o meu coração não se angustie diante do mistério do sofrimento:

mostra-me que o Bom Jesus sofreu, sem merecer!

Para não me esquecer do teu amor: torna sempre viva, em minha mente, a cena do Calvário!

Senhor Jesus, nós te damos graças pelo amor infinito que te levou a dar-nos a vida eterna, sofrendo um grande suplício, sem medir esforços. A nós, que participamos com fé desta novena, se for para o nosso bem e para a tua glória, concede-nos a graça de que tanto precisamos (fazer o pedido). Tu, que agraciaste Santa Gemma com as marcas da Paixão, dá-nos participar dos teus sofrimentos, levando a nossa cruz de cada dia, para merecermos colher os frutos da redenção. Mas, acima de tudo, faz o nosso coração transbordar de amor e nos humaniza, pelos méritos da Santa Paixão e Morte de Cruz! Amém.

QUARTO DIA

Oração inicial

Dir: Paixão de Jesus,

T: Nossa força e salvação!

Dir: Paixão de Jesus,

T: Nossa coroa e santificação!

Dir: Que, ao marcar o nosso corpo com a Santa Cruz, Jesus – Caminho, Verdade e Vida –, nos liberte do mal e nos dê um coração semelhante ao dele; um coração capaz de amar a todos e de sofrer por todos!

T: Em nome do Pai, princípio sem princípio do Amor, e do Filho, manifestação do eterno amor, e do Espírito Santo, força que nos consola no sofrimento e na dor! Amém.

Dir: Ó Deus, que ornaste Santa Gemma Galgani, qual uma flor da tua Paixão, com

grandes virtudes e graças. Ajuda-nos a seguir seus exemplos, procurando viver com amor os nossos dias e crescendo em humanidade até alcançarmos a santidade.

T: Por Santa Gemma, que encontrou na cruz todo antídoto para combater a maldade, concede-nos, pela meditação da tua Paixão, a libertação do pecado e dos vícios, a cura do corpo e da alma e a salvação eterna. Que possamos ter os sentimentos de Cristo Crucificado, para que o seu Espírito nos faça crescer no horizonte da fé. Amém.

Meditação diária

Santa Gemma passou por vários problemas de saúde. Teve que ficar por um bom tempo isolada, praticamente sozinha dentro de um quarto. A família com quem terminou de ser criada e também pessoas de boa vontade lhe davam comida e a ajudavam nos momentos de maior penúria. Todavia, o seu maior alimento foi a Eucaristia. Um dia, quando reclamava de seus sofrimentos, olhando para um crucifixo, sentiu Jesus dizer-lhe: "Me ame, como eu sempre te amei. Foi o meu Corpo e o meu Sangue que te ajudaram a suportar tanta dor". Que possamos, também nós, encontrar forças na Eucaristia, a fim de enfrentarmos nossas "noites escuras".

Ave-Maria, Oração ao Anjo da guarda, Glória, Ladainha.

Oração final

Para vencer a mim mesmo: humaniza a minha vida, Senhor!

Para que eu não procure ser o centro do mundo: abre os meus olhos para enxergar as dores e os sofrimentos dos irmãos!

Para que a cura do corpo não seja a minha primeira e maior preocupação: ensina-me a cuidar da vida e não somente preservar a vida!

Para que o meu coração não se angustie diante do mistério do sofrimento: mostra-me que o Bom Jesus sofreu, sem merecer!

Para não me esquecer do teu amor: torna sempre viva, em minha mente, a cena do Calvário!

Senhor Jesus, nós te damos graças pelo amor infinito que te levou a dar-nos a vida eterna, sofrendo um grande suplício, sem medir esforços. A nós, que participamos com fé desta novena, se for para o nosso bem e para a tua glória, concede-nos a graça de que tanto precisamos (fazer o pedido). Tu, que agraciaste Santa Gemma com as marcas da Paixão, dá-nos participar dos teus sofrimentos, levando a nossa cruz de cada dia, para merecermos colher os frutos da redenção. Mas, acima de tudo, faz o nosso coração transbordar de amor e nos humaniza, pelos méritos da Santa Paixão e Morte de Cruz! Amém.

QUINTO DIA

Oração inicial

Dir: Paixão de Jesus,

T: Nossa força e salvação!

Dir: Paixão de Jesus,

T: Nossa coroa e santificação!

Dir: Que, ao marcar o nosso corpo com a Santa Cruz, Jesus – Caminho, Verdade e Vida –, nos liberte do mal e nos dê um coração semelhante ao dele; um coração capaz de amar a todos e de sofrer por todos!

T: Em nome do Pai, princípio sem princípio do Amor, e do Filho, manifestação do eterno amor, e do Espírito Santo, força que nos consola no sofrimento e na dor! Amém.

Dir: Ó Deus, que ornaste Santa Gemma Galgani, qual uma flor da tua Paixão, com

grandes virtudes e graças. Ajuda-nos a seguir seus exemplos, procurando viver com amor os nossos dias e crescendo em humanidade até alcançarmos a santidade.

T: Por Santa Gemma, que encontrou na cruz todo antídoto para combater a maldade, concede-nos, pela meditação da tua Paixão, a libertação do pecado e dos vícios, a cura do corpo e da alma e a salvação eterna. Que possamos ter os sentimentos de Cristo Crucificado, para que o seu Espírito nos faça crescer no horizonte da fé. Amém.

Meditação diária

Alguns pensavam que Santa Gemma fosse mentalmente desequilibrada. Todavia, é desequilibrado quem procura na cruz uma palavra que lhe dê forças e um sentido para viver, ou quem foge da cruz rebelando-se contra Deus e contra o mundo? E mais, não seria normal que uma pessoa, após sofrer tantas dificuldades, se encontrasse um tanto abatida e até um pouco desajustada? Contudo, não foi isso que aconteceu com Santa Gemma. Ela tornou-se uma mística ao pé da cruz, de tal sorte que criava confusão na mente de alguns que não sabiam o que significava cumprir a vontade de Deus, de todo o coração. Eles não entendiam, por exemplo: como alguém pode ter forças para sorrir, agradecer a Deus, não se revoltar, oferecer-se como vítima em favor dos pecadores, em meio a tanta dor. É aqui que está a santidade e o equilíbrio de Gemma, pois sabia que "quando somos fracos é que somos fortes. Não nós, mas a graça de Deus em nós" (2Cor 12,9-10). Ela provou essa graça abundantemente.

Ave-Maria, Oração ao Anjo da guarda, Glória, Ladainha.

Oração final

Para vencer a mim mesmo: humaniza a minha vida, Senhor!

Para que eu não procure ser o centro do mundo: abre os meus olhos para enxergar as dores e os sofrimentos dos irmãos!

Para que a cura do corpo não seja a minha primeira e maior preocupação: ensina-me a cuidar da vida e não somente preservar a vida!

Para que o meu coração não se angustie diante do mistério do sofrimento: mostra-me que o Bom Jesus sofreu, sem merecer!

Para não me esquecer do teu amor: torna sempre viva, em minha mente, a cena do Calvário!

Senhor Jesus, nós te damos graças pelo amor infinito que te levou a dar-nos a vida eterna, sofrendo um grande suplício, sem medir esforços. A nós, que participamos com fé desta novena, se for para o nosso bem e para a tua glória, concede-nos a graça de que tanto precisamos (fazer o pedido). Tu, que agraciaste Santa Gemma com as marcas da Paixão, dá-nos participar dos teus sofrimentos, levando a nossa cruz de cada dia, para merecermos colher os frutos da redenção. Mas, acima de tudo, faz o nosso coração transbordar de amor e nos humaniza, pelos méritos da Santa Paixão e Morte de Cruz! Amém.

SEXTO DIA

Oração inicial

Dir: Paixão de Jesus,

T: Nossa força e salvação!

Dir: Paixão de Jesus,

T: Nossa coroa e santificação!

Dir: Que, ao marcar o nosso corpo com a Santa Cruz, Jesus – Caminho, Verdade e Vida –, nos liberte do mal e nos dê um coração semelhante ao dele; um coração capaz de amar a todos e de sofrer por todos!

T: Em nome do Pai, princípio sem princípio do Amor, e do Filho, manifestação do eterno amor, e do Espírito Santo, força que nos consola no sofrimento e na dor! Amém.

Dir: Ó Deus, que ornaste Santa Gemma Galgani, qual uma flor da tua Paixão, com

grandes virtudes e graças. Ajuda-nos a seguir seus exemplos, procurando viver com amor os nossos dias e crescendo em humanidade até alcançarmos a santidade.

T: Por Santa Gemma, que encontrou na cruz todo antídoto para combater a maldade, concede-nos, pela meditação da tua Paixão, a libertação do pecado e dos vícios, a cura do corpo e da alma e a salvação eterna. Que possamos ter os sentimentos de Cristo Crucificado, para que o seu Espírito nos faça crescer no horizonte da fé. Amém.

Meditação diária

Nada é mais formativo do que viver para os outros e por amor aos outros. Santa Gemma chegou a um grau de maturidade, na escola de Jesus Crucificado, que deve provocar uma grande admiração em todos nós. Em meio à dor não devemos assumir a postura de vítimas sacrificadas pelos outros ou por situações contingenciais, mas nos oferecermos como vítimas em favor dos outros. Fazendo-se vítima com a Vítima por excelência – Jesus Crucificado –, Santa Gemma foi maior do que o seu problema, foi capaz de dar a vida como o Senhor, para que a doença e as angústias não tirassem a sua existência, mas fosse ela a entregar-se em favor dos pecadores. Com tantas dificuldades, Gemma esqueceu-se de si e, solidarizando-se com os pecadores, desejando a salvação de todos, teve o seu coração alargado. Com tanto amor no coração, ela encontrou o que tanto precisava: um sentido para viver e um sentido para morrer. Pois para os cristãos "o viver é Cristo e o morrer é lucro" (Fl 1,21). Assim, podemos dizer que Santa Gemma foi uma jovem profundamente humana, de um esvaziamento contagiante, de uma compaixão e misericórdia envolventes, a ponto de sentir que Jesus era tudo nela.

Ave-Maria, Oração ao Anjo da guarda, Glória, Ladainha.

Oração final

Para vencer a mim mesmo: humaniza a minha vida, Senhor!

Para que eu não procure ser o centro do mundo: abre os meus olhos para enxergar as dores e os sofrimentos dos irmãos!

Para que a cura do corpo não seja a minha primeira e maior preocupação: ensina-me a cuidar da vida e não somente preservar a vida!

Para que o meu coração não se angustie diante do mistério do sofrimento: mostra-me que o Bom Jesus sofreu, sem merecer!

Para não me esquecer do teu amor: torna sempre viva, em minha mente, a cena do Calvário!

Senhor Jesus, nós te damos graças pelo amor infinito que te levou a dar-nos a vida eterna, sofrendo um grande suplício, sem medir esforços. A nós, que participamos com fé desta novena, se for para o nosso bem e para a tua glória, concede-nos a graça de que tanto precisamos (fazer o pedido). Tu, que agraciaste Santa Gemma com as marcas da Paixão, dá-nos participar dos teus sofrimentos, levando a nossa cruz de cada dia, para merecermos colher os frutos da redenção. Mas, acima de tudo, faz o nosso coração transbordar de amor e nos humaniza, pelos méritos da Santa Paixão e Morte de Cruz! Amém.

SÉTIMO DIA

Oração inicial

Dir: Paixão de Jesus,

T: Nossa força e salvação!

Dir: Paixão de Jesus,

T: Nossa coroa e santificação!

Dir: Que, ao marcar o nosso corpo com a Santa Cruz, Jesus – Caminho, Verdade e Vida –, nos liberte do mal e nos dê um coração semelhante ao dele; um coração capaz de amar a todos e de sofrer por todos!

T: Em nome do Pai, princípio sem princípio do Amor, e do Filho, manifestação do eterno amor, e do Espírito Santo, força que nos consola no sofrimento e na dor! Amém.

Dir: Ó Deus, que ornaste Santa Gemma Galgani, qual uma flor da tua Paixão, com

grandes virtudes e graças. Ajuda-nos a seguir seus exemplos, procurando viver com amor os nossos dias e crescendo em humanidade até alcançarmos a santidade.

T: Por Santa Gemma, que encontrou na cruz todo antídoto para combater a maldade, concede-nos, pela meditação da tua Paixão, a libertação do pecado e dos vícios, a cura do corpo e da alma e a salvação eterna. Que possamos ter os sentimentos de Cristo Crucificado, para que o seu Espírito nos faça crescer no horizonte da fé. Amém.

Meditação diária

Santa Gemma enfrentou muitas lutas contra o diabo. O seu diário chegou a ser misteriosamente chamuscado, de tal sorte que muitas páginas ficaram escuras, como se um fogo tivesse passado por ele. Este é um sinal de que o mal é um mistério. Existem muitas forças que combatem os fiéis. São Pedro chegou a dizer que o diabo é "um leão que ruge ao nosso redor" (1Pd 5,8-9), pronto para atacar. Pedro afirma que devemos resistir-lhe. Muitas vezes o diabo tentou dissuadir Santa Gemma, procurando levá-la para longe de Jesus, mas ela resistiu. Com isso, ele trabalhou em vão. Em comunhão com o Crucificado, nunca se deixou mover pelos apelos de Satanás. Crucificando na sua carne o pecado, Gemma combateu o diabo e viu a sua carne ser glorificada pelo poder da Paixão-Ressurreição.

Ave-Maria, Oração ao Anjo da guarda, Glória, Ladainha.

Oração final

Para vencer a mim mesmo: humaniza a minha vida, Senhor!

Para que eu não procure ser o centro do mundo: abre os meus olhos para enxergar as dores e os sofrimentos dos irmãos!

Para que a cura do corpo não seja a minha primeira e maior preocupação: ensina-me a cuidar da vida e não somente preservar a vida!

Para que o meu coração não se angustie diante do mistério do sofrimento: mostra-me que o Bom Jesus sofreu, sem merecer!

Para não me esquecer do teu amor: torna sempre viva, em minha mente, a cena do Calvário!

Senhor Jesus, nós te damos graças pelo amor infinito que te levou a dar-nos a vida eterna, sofrendo um grande suplício, sem medir esforços. A nós, que participamos com fé desta novena, se for para o nosso bem e para a tua glória, concede-nos a graça de que tanto precisamos (fazer o pedido). Tu, que agraciaste Santa Gemma com as marcas da Paixão, dá-nos participar dos teus sofrimentos, levando a nossa cruz de cada dia, para merecermos colher os frutos da redenção. Mas, acima de tudo, faz o nosso coração transbordar de amor e nos humaniza, pelos méritos da Santa Paixão e Morte de Cruz! Amém.

OITAVO DIA

Oração inicial

Dir: Paixão de Jesus,

T: Nossa força e salvação!

Dir: Paixão de Jesus,

T: Nossa coroa e santificação!

Dir: Que, ao marcar o nosso corpo com a Santa Cruz, Jesus – Caminho, Verdade e Vida –, nos liberte do mal e nos dê um coração semelhante ao dele; um coração capaz de amar a todos e de sofrer por todos!

T: Em nome do Pai, princípio sem princípio do Amor, e do Filho, manifestação do eterno amor, e do Espírito Santo, força que nos consola no sofrimento e na dor! Amém.

Dir: Ó Deus, que ornaste Santa Gemma Galgani, qual uma flor da tua Paixão, com

grandes virtudes e graças. Ajuda-nos a seguir seus exemplos, procurando viver com amor os nossos dias e crescendo em humanidade até alcançarmos a santidade.

T: Por Santa Gemma, que encontrou na cruz todo antídoto para combater a maldade, concede-nos, pela meditação da tua Paixão, a libertação do pecado e dos vícios, a cura do corpo e da alma e a salvação eterna. Que possamos ter os sentimentos de Cristo Crucificado, para que o seu Espírito nos faça crescer no horizonte da fé. Amém.

Meditação diária

Santa Gemma foi agraciada com os estigmas do Crucificado em várias partes do corpo: nas mãos, nos pés e no peito. Identificou-se tanto com o seu Senhor, no Mistério da Paixão, que se podia ver em seu corpo os sinais da sua gloriosa presença. Como poucos ela entendeu que devemos "completar o que faltou à Paixão de Jesus" (Cl 1,24). É necessário que sigamos o Senhor até o Calvário, até a Cruz. "Se não morrermos com ele, não viveremos com ele" (2Tm 2,11). Que possamos trazer em nossas vidas as marcas do Senhor Bom Jesus: compaixão, bondade, amor para com todos!

Ave-Maria, Oração ao Anjo da guarda, Glória, Ladainha.

Oração final

Para vencer a mim mesmo: humaniza a minha vida, Senhor!

Para que eu não procure ser o centro do mundo: abre os meus olhos para enxergar as dores e os sofrimentos dos irmãos!

Para que a cura do corpo não seja a minha primeira e maior preocupação: ensina-me a cuidar da vida e não somente preservar a vida!

Para que o meu coração não se angustie diante do mistério do sofrimento: mostra-me que o Bom Jesus sofreu, sem merecer!

Para não esquecer do teu amor: torna sempre viva, em minha mente, a cena do Calvário!

Senhor Jesus, nós te damos graças pelo amor infinito que te levou a dar-nos a vida eterna, sofrendo um grande suplício, sem medir esforços. A nós, que participamos com fé desta novena, se for para o nosso bem e para a tua glória, concede-nos a graça de que tanto precisamos (fazer o pedido). Tu, que agraciaste Santa Gemma com as marcas da Paixão, dá-nos participar dos teus sofrimentos, levando a nossa cruz de cada dia, para merecermos colher os frutos da redenção. Mas, acima de tudo, faz o nosso coração transbordar de amor e nos humaniza, pelos méritos da Santa Paixão e Morte de Cruz! Amém.

NONO DIA

Oração inicial

Dir: Paixão de Jesus,

T: Nossa força e salvação!

Dir: Paixão de Jesus,

T: Nossa coroa e santificação!

Dir: Que, ao marcar o nosso corpo com a Santa Cruz, Jesus – Caminho, Verdade e Vida –, nos liberte do mal e nos dê um coração semelhante ao dele; um coração capaz de amar a todos e de sofrer por todos!

T: Em nome do Pai, princípio sem princípio do Amor, e do Filho, manifestação do eterno amor, e do Espírito Santo, força que nos consola no sofrimento e na dor! Amém.

Dir: Ó Deus, que ornaste Santa Gemma Galgani, qual uma flor da tua Paixão, com

grandes virtudes e graças. Ajuda-nos a seguir seus exemplos, procurando viver com amor os nossos dias e crescendo em humanidade até alcançarmos a santidade.

T: Por Santa Gemma, que encontrou na cruz todo antídoto para combater a maldade, concede-nos, pela meditação da tua Paixão, a libertação do pecado e dos vícios, a cura do corpo e da alma e a salvação eterna. Que possamos ter os sentimentos de Cristo Crucificado, para que o seu Espírito nos faça crescer no horizonte da fé. Amém.

Meditação diária

Santa Gemma foi uma grande devota da Virgem Maria. Com ela, Gemma aprendeu a servir a Deus, mesmo não entendendo tudo o que ele lhe pedia. Observando Maria, ela compreendeu que é preciso segui-lo de um jeito abandonado, renunciando a si. Contemplando a Virgem ao pé da cruz, Gemma aprendeu a ficar em pé quando tudo parecia desmoronar, acabar. Apoiada nas espadas de dor de Maria, Santa Gemma professou a sua fé no poder do Amor, experimentando o que poucos neste mundo conseguem provar: a vida vem com a morte, não após a morte. No grão que vai morrendo, a vida vai surgindo. Gemma se ofereceu como grão triturado, amassado por meio de grandes renúncias, sofrimentos e perdas. Totalmente "socada no pilão da vida", como um grão, tornou-se pão para a santificação e a salvação do mundo. No Senhor, que se consagra em todos os altares, ela vive. Hoje, totalmente envolvida na glória celestial, ela faz eco a voz do seu Salvador e Redentor: "Não há maior amor do que dar a vida pelos irmãos" (Jo 15,13).

Ave-Maria, Oração ao Anjo da guarda, Glória, Ladainha.

Oração final

Para vencer a mim mesmo: humaniza a minha vida, Senhor!

Para que eu não procure ser o centro do mundo: abre os meus olhos para enxergar as dores e os sofrimentos dos irmãos!

Para que a cura do corpo não seja a minha primeira e maior preocupação: ensina-me a cuidar da vida e não somente preservar a vida!

Para que o meu coração não se angustie diante do mistério do sofrimento: mostra-me que o Bom Jesus sofreu, sem merecer!

Para não me esquecer do teu amor: torna sempre viva, em minha mente, a cena do Calvário!

Senhor Jesus, nós te damos graças pelo amor infinito que te levou a dar-nos a vida eterna, sofrendo um grande suplício, sem medir esforços. A nós, que participamos com fé desta novena, se for para o nosso bem e para a tua glória, concede-nos a graça de que tanto precisamos (fazer o pedido). Tu, que agraciaste Santa Gemma com as marcas da Paixão, dá-nos participar dos teus sofrimentos, levando a nossa cruz de cada dia, para merecermos colher os frutos da redenção. Mas, acima de tudo, faz o nosso coração transbordar de amor e nos humaniza, pelos méritos da Santa Paixão e Morte de Cruz! Amém.

Ladainha

Senhor, tende piedade de nós!
Cristo, tende piedade de nós!
Senhor, tende piedade de nós!
Jesus Cristo, ouvi-nos!
Jesus Cristo, atendei-nos!
Deus, Pai do Céu, tende piedade de nós!
Deus Filho, Redentor do mundo, tende
piedade de nós!
Deus, Espírito Santo, tende piedade de nós!
Santíssima Trindade, que sois um só
Deus, tende piedade de nós!

Santa Maria, rogai por nós!
Santa Gemma, flor da Paixão, rogai por nós!
Santa Gemma, grande Passionista...
Santa Gemma, adornada de belas virtudes...
Santa Gemma, pessoa cheia de bondade...
Santa Gemma, ferida de amor por Jesus...
Santa Gemma, devotíssima da Eucaristia...

Santa Gemma, devota amorosa da Virgem Maria...

Santa Gemma, vítima de Jesus Crucificado...

Santa Gemma, obediente ao Anjo da Guarda...

Santa Gemma, fiel na aridez espiritual...

Santa Gemma, cumpridora da vontade de Deus...

Santa Gemma, serva obediente...

Santa Gemma, pessoa de extraordinária humanidade...

Santa Gemma, virgem que se consumiu pela salvação dos pecadores...

Santa Gemma, joia do Coração trespassado de Jesus...

Santa Gemma, jovem piedosa...

Santa Gemma, exemplo de silêncio...

Santa Gemma, mística participante das Chagas de Jesus...

Santa Gemma, protetora dos farmacêuticos...

Santa Gemma, modelo para os estudantes...

Santa Gemma, consagrada ao Senhor através de grandes renúncias...

Santa Gemma, testemunha do poder da oração…

Santa Gemma, lírio de castidade…

Santa Gemma, virgem de pureza…

Santa Gemma, bondosa para com os pobres…

Santa Gemma, perfume delicioso que subiu ao Céu…

Santa Gemma, pedra preciosa cravejada na Santa Cruz…

Cordeiro de Deus, que tirais o pecado do mundo, perdoai-nos, Senhor!

Cordeiro de Deus, que tirais o pecado do mundo, ouvi-nos, Senhor!

Cordeiro de Deus, que tirais o pecado do mundo, tende piedade de nós, Senhor!

Dir: Rogai por nós, Santa Gemma Galgani,

T: Para que sejamos dignos das promessas de Cristo.

Hino em honra a Santa Gemma

L&M: Pe. José Ricardo Zonta, CP

Recorda criança a voz que embalava,
teu ser em conflito meu nome gritava.
E canta baixinho aquela canção
que em teu coração o Amor sussurrava.

*Me amas, como Eu, sempre te amei.
Jamais te abandonei, Filha, ao teu lado
me coloquei.
Me amas, com o meu corpo, eu te nutri.
Foi o meu sangue que te ajudou a suportar
tanta dor.*

A perda da mãe e do amigo irmão
feriu o teu ser, te fez padecer.
Mas Deus recolheu o teu pranto e mostrou
que na solidão ele estende a mão.

Quando, tão jovem, o mosteiro buscou
para ser religiosa, um não encontrou.
Diziam: é louca! Não sabiam por que
ela ainda sorria; era a dor sua companhia.

Santa Gemma cumpriu sua nobre missão
ao unir sua vida à Cruz da Paixão.
Ofertou-se qual vítima de amor e de dor.
Ela só queria a conversão do pecador.

Veja como é difícil a um santo entender,
ele tem reações tão difíceis de crer.
Quando sofre, ele canta; exaltado,
se humilha;
tem visões, só escuta o que Deus
confidencia.

NOSSAS DEVOÇÕES
(Origem das novenas)

De onde vem a prática católica das novenas? Entre outras, podemos dar duas respostas: uma histórica, outra alegórica.

Historicamente, na Bíblia, no início do livro dos Atos dos Apóstolos, lê-se que, passados quarenta dias de sua morte na Cruz e de sua ressurreição, Jesus subiu aos céus, prometendo aos discípulos que enviaria o Espírito Santo, que lhes foi comunicado no dia de Pentecostes.

Entre a ascensão de Jesus ao céu e a descida do Espírito Santo, passaram-se nove dias. A comunidade cristã ficou reunida em torno de Maria, de algumas mulheres e dos apóstolos. Foi a primeira novena cristã. Hoje, ainda a repetimos todos os anos, orando, de modo especial, pela unidade dos cristãos. É o padrão de todas as outras novenas.

A novena é uma série de nove dias seguidos em que louvamos a Deus por suas maravilhas, em particular, pelos santos, por cuja intercessão nos são distribuídos tantos dons.

Alegoricamente, a novena é antes de tudo um ato de louvor ao Pai, ao Filho e ao Espírito Santo, Deus três vezes Santo. Três é número perfeito. Três vezes três, nove. A novena é louvor perfeito à Trindade. A prática de nove dias de oração, louvor e súplica confirma de maneira extraordinária nossa fé em Deus que nos salva, por intermédio de Jesus, de Maria e dos santos.

O Concílio Vaticano II afirma: "Assim como a comunhão cristã entre os que caminham na terra nos aproxima mais de Cristo, também o convívio com os santos nos une a Cristo, fonte e cabeça de que provêm todas as graças e a própria vida do povo de Deus" (*Lumen Gentium*, 50).

Nossas Devoções procura alimentar o convívio com Jesus, Maria e os santos, para nos tornarmos cada dia mais próximos de Cristo, que nos enriquece com os dons do Espírito e com todas as graças de que necessitamos.

Francisco Catão

Coleção Nossas Devoções

- *A Senhora da Piedade*. Setenário das dores de Maria – Aparecida Matilde Alves
- *Dulce dos Pobres*. Novena e biografia – Marina Mendonça
- *Frei Galvão*. Novena e história – Pe. Paulo Saraiva
- *Imaculada Conceição*. Novena ecumênica – Francisco Catão
- *Jesus, Senhor da vida*. Dezoito orações de cura – Francisco Catão
- *João Paulo II*. Novena, história e orações – Aparecida Matilde Alves
- *João XXIII*. Biografia e novena – Marina Mendonça
- *Maria, Mãe de Jesus e Mãe da humanidade*. Novena e coroação de Nossa Senhora – Aparecida Matilde Alves
- *Menino Jesus de Praga*. História e novena – Giovanni Marques
- *Nhá Chica*. Novena, história e orações – Aparecida Matilde Alves
- *Nossa Senhora Achiropita*. Novena e biografia – Antonio S. Bogaz e Rodinei Thomazella
- *Nossa Senhora Aparecida*. História e novena – Maria Belém
- *Nossa Senhora da Cabeça*. História e novena – Mario Basacchi
- *Nossa Senhora da Luz*. Novena e história – Maria Belém
- *Nossa Senhora da Penha*. Novena e história – Maria Belém
- *Nossa Senhora da Salete*. História e novena – Aparecida Matilde Alves
- *Nossa Senhora das Graças ou Medalha Milagrosa*. Novena e origem da devoção – Mario Basacchi
- *Nossa Senhora de Caravaggio*. História e novena – Pe. Volmir Comparin e Dom Leomar Antônio Brustolin
- *Nossa Senhora de Fátima*. Novena – Tarcila Tommasi
- *Nossa Senhora de Guadalupe*. Novena e história das aparições a São Juan Diego – Maria Belém
- *Nossa Senhora de Lourdes.* – Tarcila Tommasi
- *Nossa Senhora de Nazaré*. Novena e história – Maria Belém
- *Nossa Senhora Desatadora dos Nós*. História e novena – Frei Zeca
- *Nossa Senhora do Bom Parto*. Novena e reflexões bíblicas – Mario Basacchi
- *Nossa Senhora do Carmo*. Novena e história – Maria Belém
- *Nossa Senhora do Desterro*. História e novena – Celina H. Weschenfelder

- *Nossa Senhora do Perpétuo Socorro*. História e novena – Mario Basacchi
- *Nossa Senhora Rainha da Paz*. História e novena – Celina Helena Weschenfelder
- *Novena à Divina Misericórdia*. Santa Maria Faustina Kowaslka, história e orações – Tarcila Tommasi
- *Novena a Nossa Senhora de Lourdes* – Tarcila Tommasi
- *Novena das Rosas. História e novena a Santa Teresinha do Menino Jesus* – Aparecida Matilde Alves
- *Novena em honra ao Senhor Bom Jesus* – Pe. José Ricardo Zonta
- *Ofício da Imaculada Conceição*. Orações, hinos e reflexões – Cristóvão Dworak
- *Orações do cristão*. Preces diárias – Celina H. Weschenfelder (org.)
- *Padre Pio*. Novena e história – Maria Belém
- *Paulo, homem de Deus*. Novena de São Paulo, Apóstolo – Francisco Catão
- *Reunidos pela força do Espírito Santo*. Novena de Pentecostes – Tarcila Tommasi
- *Rosário por uma transformação espiritual e psicológica* – Gustavo E. Jamut
- *Rosário dos enfermos* – Aparecida Matilde Alves
- *Sagrada face*. História, novena e devocionário – Giovanni Marques
- *Sagrada Família*. Novena – Pe. Paulo Saraiva
- *Sant'Ana*. Novena e história – Maria Belém
- *Santa Cecília*. Novena e história – Frei Zeca
- *Santa Edwiges*. Novena e biografia – J. Alves
- *Santa Filomena*. História e novena – Mario Basacchi
- *Santa Joana d'Arc*. Novena e biografia – Francisco de Castro
- *Santa Luzia*. Novena e biografia – J. Alves
- *Santa Maria Goretti. História e novena* – Pe. José Ricardo Zonta
- *Santa Paulina*. Novena e biografia – J. Alves
- *Santa Rita de Cássia*. Novena e biografia – J. Alves
- *Santa Teresa de Calcutá*. Biografia e novena – Celina H. Weschenfelder

- *Santa Teresinha do Menino Jesus*. Novena e biografia – Mario Basacchi
- *Santo Afonso de Ligório*. Novena e biografia – Mario Basacchi
- *Santo Antônio*. Novena, trezena e responsório – Mario Basacchi
- *Santo Expedito*. Novena e dados biográficos – Francisco Catão
- *São Benedito*. Novena e biografia – J. Alves
- *São Bento*. História e novena – Francisco Catão
- *São Brás. História e novena* – Celina H. Weschenfelder
- *São Cosme e São Damião*. Biografia e novena – Mario Basacchi
- *São Cristóvão*. História e novena – Pe. Mário José Neto
- *São Francisco de Assis*. Novena e biografia – Mario Basacchi
- *São Francisco Xavier*. Novena e biografia – Gabriel Guarnieri
- *São Geraldo Majela*. Novena e biografia – J. Alves
- *São Guido Maria Conforti*. Novena e biografia – Gabriel Guarnieri
- *São José*. História e novena – Aparecida Matilde Alves
- *São Judas Tadeu*. História e novena – Maria Belém
- *São Marcelino Champagnat*. Novena e biografia – Ir. Egídio Luiz Setti
- *São Miguel Arcanjo*. Novena – Francisco Catão
- *São Pedro, Apóstolo*. Novena e biografia – Maria Belém
- *São Roque. Novena e biografia – Roseane Gomes Barbosa*
- *São Sebastião*. Novena e biografia – Mario Basacchi
- *São Tarcísio*. Novena e biografia – Frei Zeca
- *São Vito, mártir*. História e novena – Mario Basacchi
- *Tiago Alberione*. Novena e biografia – Maria Belém

Impresso na gráfica da
Pia Sociedade Filhas de São Paulo
Via Raposo Tavares, km 19,145
05577-300 - São Paulo, SP - Brasil - 2018